RAPPORT

SUR LE GISEMENT ET L'EXPLOITATION

DE LA PIERRE MEULIÈRE

de la plaine de BORD (Dordogne),

FAIT SUR LA DEMANDE DE M. DE SAINT-OURS,

Maître de forges à Sarlat ;

Par M. A. BAUDRIMONT.

~~~~~~

BORDEAUX

G. GOUNOUILHOU, IMPRIMEUR DE L'ACADÉMIE IMPÉRIALE,

Place Puy-Paulin, 1.

—

1856
~~~~~~

RAPPORT

SUR LE GISEMENT ET L'EXPLOITATION

DE LA PIERRE MEULIÈRE

de la plaine de BORD (Dordogne).

1856

(C.)

RAPPORT

SUR LE GISEMENT ET L'EXPLOITATION

DE LA PIERRE MEULIÈRE

de la plaine de BORD (Dordogne),

FAIT SUR LA DEMANDE DE M. DE SAINT-OURS,

Maître de forges à Sarlat ;

Par M. A. BAUDRIMONT.

Plusieurs propriétaires des carrières de meulière de la plaine de Bord, près Domme, s'étant réunis dans l'intention de soumettre leur travail à une direction éclairée et unique, de diminuer les frais de transport et de concourir à l'entretien des routes, il m'a été demandé par M. de Saint-Ours, l'un d'eux, d'explorer cette plaine, d'examiner les exploitations déjà existantes, d'indiquer les travaux qui seraient à faire, de déterminer les conditions qu'il faudrait réaliser pour établir sur des bases solides l'exploitation projetée, et, autant que possible, de faire connaître les avantages qu'elle pourrait présenter.

C'est le résultat de l'expertise que j'ai faite par suite de cette demande que je consigne dans ce Rapport.

La pierre meulière est employée telle que la nature l'a formée, et n'exige d'autres travaux que d'être extraite du sol et taillée pour recevoir la forme qui convient aux opérations auxquelles on la destine.

Pour qu'une exploitation de pierre meulière puisse être faite avec succès, il suffit qu'elle satisfasse à un petit nombre de conditions essentielles : 1° que la pierre soit d'une bonne nature; 2° qu'il y en ait une quantité suffisante; 3° que son extraction soit facile; 4° qu'on puisse la transporter aux moindres frais possibles; 5° enfin, que l'écoulement en soit assuré.

Toutes ces conditions se trouvent réunies dans l'exploitation des carrières de la plaine de Bord, ainsi que cela va être démontré.

Situation de la plaine de Bord.

La plaine de Bord est un plateau situé au S.-E. de la ville de Domme.

La partie du plateau, abordable par les voitures chargées, est à 6 kilomètres de la rive gauche de la Dordogne qui est située au N.-O. de ce point, et à moins de

2 kilomètres d'une excellente route macadamisée qui va de Limoges à Cahors, route qui est au S.-O. du même point.

La montagne s'incline vers cette dernière direction, et l'on peut facilement parvenir à la route qui vient d'être indiquée, en partie par un chemin spécial, en partie par l'ancienne route de Sarlat au Pech, qui est située entre la carrière et la nouvelle route.

Les principales exploitations qui se sont réunies pour entrer en société existent sur le bord S.-O. du plateau. Cette partie du plateau, par sa position déclive, par le voisinage de la route indiquée et par celui de la Dordogne, présente les conditions les plus heureuses, soit pour l'écoulement des eaux, soit pour l'enlèvement et l'exportation des produits des carrières.

Nature de la pierre meulière de la plaine de Bord.

La véritable pierre meulière ou la *meulière* proprement dite est un silex, de la même nature chimique que l'acide silicique et le quarz hyalin, mais qui est *amorphe*, c'est-à-dire qu'il est formé de particules sphéroïdales et n'est point cristallisable. Les minéralogistes rangent la pierre meulière parmi les silex.

L'état d'agrégation de la meulière varie beaucoup : elle est plus ou moins compacte ou caverneuse et plus ou moins *fragile*, quoiqu'elle possède une dureté supérieure à celle de l'acier trempé.

Les meulières très-caverneuses ou meulières françaises, et celles de *Tarterel* jouissent de cette propriété au plus haut degré, sont fort recherchées, parce qu'elles coupent facilement le grain et l'échauffent peu. Les meulières compactes donnent aussi d'excellents résultats après avoir été taillées d'une manière spéciale.

Ces dernières meulières échauffent un peu plus la farine que les premières; mais elles n'en donnent pas moins de bons produits, et durent beaucoup plus longtemps.

En général, les meulières caverneuses n'existent qu'en masses de formes lenticulaires très-circonscrites, qui, vu l'exploitation très-considérable dont elles ont été l'objet, permettent rarement de faire une meule d'une seule pièce, et rarement même peuvent-elles donner des secteurs entiers représentant le sixième d'une meule. Il arrive même que les fragments de meulière n'ont pas l'épaisseur voulue, et que l'on est obligé de la compléter avec du plâtre. En un mot, cette variété n'a généralement que de faibles dimensions et devient de plus en plus rare.

La meulière de Domme offre toutes les variétés désirables.

Au point de vue de la couleur, il y en a de blanche, de grise, de rose, de rousse, etc.

Il en est de très-*compactes;* il y en a de très-*caverneuses,* et même de la *granulaire.*

Il y en a donc pour tous les usages.

La dernière variété qui vient d'être signalée, n'a peut-être encore été rencontrée que dans la plaine de Bord; elle donne d'excellentes meules.

En général, la meulière de Domme est remarquable par sa forte cohérence et par son extrême dureté.

Taillée à l'anglaise, elle donne des produits qui ne le cèdent à aucun de ceux qui sont connus.

On peut dire, sans crainte d'exagération, que la meulière de la plaine de Bord est d'une qualité tout à fait supérieure, et que cette pierre, taillée par des procédés mécaniques, donnerait des résultats que l'on n'aurait encore pu obtenir jusqu'à ce jour, tant sous le rapport de la dureté, de la cohérence, de la durée et de la masse, que sous celui des produits qu'elle servirait à confectionner.

Gisement.

En général, la meulière proprement dite est en masses de forme lenticulaire, isolées les unes des autres. On cherche ces masses et on les explore à l'aide de sondages. Lorsqu'elles ont été trouvées, on les débarrasse de la terre qui les environne et on les taille sur place.

La meulière de la plaine de Bord ne se trouve point dans les mêmes conditions : *elle forme une couche continue,* qui a été reconnue, soit par des fouilles, soit par une véritable exploitation dans toutes les propriétés que l'on se propose de réunir sous une même direction.

L'épaisseur de la couche de meulière varie, et peut atteindre jusqu'à 1m50 dans les parties connues, et jamais elle n'a moins que la plus forte épaisseur à donner aux meules.

La meulière existe à une profondeur moyenne d'environ 3 mètres au-dessous du sol. Ce sol est formé de parties meubles, siliceuses et argileuses, faciles à enlever.

8

L'exploitation des carrières de la plaine de Bord ne présente aucune difficulté; loin de là, on peut dire qu'elle offre des conditions spéciales qui la rendent facile et avantageuse.

Les principales carrières que l'on se propose de réunir sont situées sur le bord S.-O. du plateau, et à la plus petite distance possible de ce plateau à la route de Limoges à Cahors, ainsi que cela a été dit.

Cette disposition permet de donner un écoulement facile aux eaux qui pourraient séjourner dans les carrières, et de faire parvenir les voitures jusqu'au centre même de l'exploitation.

Déjà, dans une des carrières exploitées par M. Chassaing, les voitures viennent charger des produits dans cette condition.

Il suffirait de mettre le chemin en bon état et de l'y entretenir.

L'écoulement des eaux pourrait avoir lieu par une combinaison de tranchées qui les réuniraient entre elles et les conduiraient dans un fossé ou canal unique. Afin d'éviter de multiplier les travaux, et par suite de faire une dépense inutile, le canal commun pourrait longer le chemin principal et conduire ainsi les eaux jusqu'au plus prochain bassin d'écoulement, et jusqu'à la Dordogne s'il le fallait.

Le banc de meulière étant mis à découvert par l'enlèvement de la terre meuble qui le recouvre, peut être exploité à ciel ouvert avec la plus grande facilité et par plusieurs procédés.

Jusqu'à ce jour, l'exploitation n'a pas été faite avec la plus grande économie possible : l'abondance de la matière a fait que l'on ne s'est point préoccupé de la ménager ; aussi, existe-t-il auprès des principales carrières des monceaux de débris de meulières qui, à eux seuls, représenteraient une grande richesse, si, privé de matière première, on cherchait à les assembler pour en faire des meules.

Une exploitation régulière et bien dirigée apporterait une économie notable dans l'opération projetée ; car, en tirant le plus grand nombre possible de meules dans une surface donnée, on diminuerait le travail nécessaire pour les obtenir et la perte de la matière première.

Cette exploitation peut être faite par meules entières ou grandes portions de meules, ou par secteurs que l'on réunirait en nombre plus ou moins considérable pour former des meules composées de pièces assemblées.

L'épaisseur du banc de meulière permet de faire plusieurs meules superposées dans la plupart des lieux ; mais si l'on admet que l'on n'en puisse tirer qu'une seule épaisseur, il devient possible de calculer d'avance combien de meules peuvent être extraites d'un hectare de terre.

Chaque meule ayant environ 1^m70 de diamètre, on admettra, sans crainte d'erreur, que l'on en pourra tirer une par quatre mètres carrés, même en rebutant les parties qui ne paraîtraient pas convenables, puisque, dans la plupart des points exploités, on pourrait tirer dans la couche jusqu'à trois meules superposées. La surface d'un hectare étant de 10,000 mètres carrés, il est évident que l'on en tirerait 2,500 meules, qui, au prix moyen de 200 fr. l'une, donneraient un produit brut de 500,000 fr.

Ceux qui se sont occupés sérieusement de la meunerie savent qu'une meule formée de secteurs assemblés vaut mieux qu'une meule d'une seule pièce : 1° parce qu'il est rare qu'une meule entière soit égale dans toutes ses parties; 2° parce qu'il est plus facile d'en avoir une bonne en choisissant et réunissant les secteurs qui doivent la former; 3° parce qu'un des secteurs venant à se détériorer, on peut facilement le remplacer par un autre.

Si au lieu d'exploiter la couche de meulière de la plaine de Bord pour en extraire des meules entières ou de fortes portions de meules, on se bornait à en extraire des secteurs, on pourrait économiser une partie considérable de la matière qui existe dans les espaces situés entre les meules, et qui est perdue. Ces espaces, qui se trouvent réduits en fragments ou en poussière, sont de plus du quart de la partie utilisée et un peu plus du cinquième de la partie exploitée [1].

[1] Chaque meule circulaire est extraite d'un carré dont le côté est au moins égal au diamètre de la meule. Cela étant, il est facile de voir que la partie perdue est à la partie utilisée, comme la différence entre la surface du cercle et celle du carré circonscrit est à la surface du cercle. En faisant le diamètre $= 2$, le rayon $r = 1$, et l'on a exactement :

$$(2\,r)^2 - \pi\,r^2 : \pi\,r^2, \text{ ou :}$$

$$\frac{4 - 3,14159}{3,1415} = 0,26 \text{ et } \frac{4 - 3,1415}{4} = 0,21$$

la partie exploitée étant égale à l'unité.

Les secteurs réunis en sens inverse, les uns contre les autres, le centre de l'un rapproché de la circonférence de l'autre, formeraient une bande que l'on diviserait ensuite sans perte sensible de matière.

Toutes ces conditions réunies, la régularité de la couche, sa forte épaisseur, ainsi que le nouveau mode d'exploitation qui vient d'être signalé, permettraient sans doute de porter à plus de 2,500 le nombre de meules à tirer d'un hectare de terre.

D'une autre part, il n'est pas douteux qu'il ne soit possible de tailler la surface des meules d'une manière plus avantageuse que l'on ne l'a fait jusqu'à ce jour, et de leur communiquer ainsi une puissance d'action qui surpasse tout ce qui a été fait par des procédés que l'on perfectionne lentement, mais qui sont encore loin d'avoir atteint la limite de ce dont ils sont susceptibles.

La meulière de la plaine de Bord étant dure, tenace et fort résistante, se prêterait plus qu'aucune autre à ces nouvelles tailles, qui lui donneraient une supériorité tout à fait incontestable et en augmenteraient d'autant la valeur.

C'est surtout par ce dernier travail que les meules de Domme prendraient dans l'industrie le rang qui leur convient; car ceux qui sont accoutumés à faire usage de meules très-caverneuses ne trouveraient peut-être pas qu'elle remplit toujours les mêmes conditions; tandis qu'étant préparées comme il vient d'être dit, elles auraient l'avantage de donner de meilleurs produits, en plus grande quantité dans un temps donné, et d'avoir une durée beaucoup plus considérable.

Les carrières de la plaine de Bord ou de Domme
étant à quelques kilomètres seulement de la Dordogne,
il serait facile d'y conduire les meules et de les transporter par cette voie partout où l'on voudrait, car la
Dordogne vient réunir ses eaux à celles de la Garonne pour
former la Gironde, et de là elles peuvent être conduites
à Bordeaux, à Toulouse même, dans la Méditerranée,
s'il en était besoin, par le Canal du Midi, ou bien elles
pourraient arriver à l'Océan et être non-seulement trans-
portées sur tout le littoral occidental de la France et
jusque dans son intérieur par les fleuves qui versent
leurs eaux dans l'Océan, mais elles pourraient encore
être exportées jusqu'en Algérie, en Espagne, en Amé-
rique, et dans une foule de pays qui en consomment
une grande quantité.

La grande exploitation de la Ferté-sous-Jouarre et la
faveur dont elle jouit donnent lieu de penser que les
produits des carrières de Domme trouveraient un écoulement facile. D'ailleurs, plusieurs carrières sont en exploitation dans cette dernière localité, et aucune d'elles
ne peut satisfaire aux demandes qui lui sont faites.

Pour terminer ce Rapport, il conviendrait peut-être
de donner un devis de l'exploitation de la meulière, de
la taille des meules, des frais d'appropriation des che-
mins, d'établissement des canaux propres à l'écoulement des eaux, des constructions à faire, d'un dépôt

central à créer sur le bord de la Dordogne, de déterminer la valeur du fonds à immobiliser pour faire réus-
sir l'exploitation projetée, celle du fonds de roulement,
et enfin, après avoir établi le prix de revient des meules, de faire connaître les bénéfices probables de l'entreprise.

Ces devis, dépendant du capital dont on pourrait dis-
poser, ne peuvent être faits d'une manière absolue, et
c'est pour cela que je ne les donne pas ici.

Seulement, d'après les observations que j'ai faites
sur les lieux et les calculs auxquels je me suis livré, il
est demeuré évident pour moi que, dans l'état actuel,
cette entreprise ne peut être tentée avec une chance
de succès suffisant qu'avec un capital de 200,000 fr.
au moins, dont 100,000 fr. seraient immobilisés, et
100,000 serviraient de fonds de roulement.

En fondant une Société dont le capital serait pro-
gressif, je ne doute pas que l'on puisse arriver bientôt
à une exploitation qui pourrait exiger un million de
francs de roulement.

Enfin, il résulte des mêmes observations, que chaque meule pourrait donner un bénéfice net de 80 fr.
au moins, et qu'ainsi que cela a été dit, un seul hectare de terre donnerait :

2,500 meules, à 200 fr. l'une, valant..... 500,000 fr.

    représentés par :

Dépense... 300,000 fr. [1] } somme égale.. 500,000 fr.
Bénéfice... 200,000 fr. }

[1] Le prix de revient d'une meule calculé en tenant compte
de tous les frais et de l'intérêt du capital, n'atteint que 107 fr.
Ce prix est supérieur à toutes les appréciations des carriers de

Si les 100,000 fr. de roulement pouvaient être renouvelés trois fois dans le cours d'une année, il est évident que les 200,000 fr. employés donneraient 100 p. 100 de bénéfice net [1].

CONCLUSIONS.

Il résulte des faits qui viennent d'être exposés :

1° Que toutes les conditions désirables pour une exploitation de pierres meulières se rencontrent dans la carrière de la plaine de Bord près Domme;

2° Que l'opération projetée est une des plus simples, et par suite une des plus sûres que l'on puisse entreprendre, puisque le produit est livré au commerce immédiatement après avoir été taillé et sans avoir subi aucune espèce de transformation chimique qui pourrait en diminuer les chances de succès.

3° Que la pensée de réunir sous une seule direction les principales carrières de cette plaine, et notamment celles situées sur le bord S.-O. de la montagne, mérite d'être prise en sérieuse codsidération ;

4° Que cette réunion permettra non-seulement de soumettre toute l'exploitation à des procédés réguliers;

---

la plaine de Bord; cependant, même avec ce prix, celui des 2,500 meules n'atteint que 267,500 fr. Cette valeur a été augmentée de plus de 30,000 fr., afin de compenser les oublis et les erreurs qui auraient pu être faits.

[1] De ces bénéfices, il faudrait retrancher ceux qui seraient alloués aux fondateurs de la Société; mais en élevant leurs prétentions à la moitié des bénéfices, il resterait encore 50 p. 100 qui reviendraient exclusivement au capital proprement dit, engagé dans cette affaire.

mais qu'elle permettra encore d'entreprendre des travaux de desséchement et de faire des routes et des che-
mins de première nécessité, qui ne pourraient être
exécutés avec le même avantage par un seul pro-
priétaire;

5° Que cette exploitation, faite avec un capital suffisant et soumise à une bonne direction, deviendrait
une des entreprises les plus avantageuses que l'on puisse
former.

L'étendue de la couche de meulière, le prix de l'extraction des meules et celui de leur travail, les moyens
de transport et le cours de la Dordogne, qui en permet
l'exportation, en donnent l'assurance positive.

Mon opinion est donc que la nouvelle entreprise est
une de celles qui méritent le plus d'être encouragées.

Bordeaux, le 28 avril 1856.

Bordeaux. — GOUNOUILHOU, imp. de l'Académie, pl. Puy-Paulin, 1.